„Versuchungen sollte man nachgeben. Wer weiß, ob sie wiederkommen" [Oscar Wilde]

Jack Fahrenheit

Partnerschaft und freier Sex

Ein kleiner Ratgeber für Lifestyle und Leben.

Ratgeber

Impressum

Bibliografische Information der Deutschen Nationalbibliothek:
Die Deutsche Nationalbibliothek verzeichnet diese Publikation in der Deutschen Nationalbibliografie; detaillierte bibliografische Daten sind im Internet über http://dnb.dnb.de abrufbar.

Herstellung und Verlag: BoD – Books on Demand, Norderstedt

ISBN: 978-3-7519-9879-6

INHALTSVERZEICHNIS

VORWORT

Dieses kleine Werk entstand aus dem Anreiz, dass einige immer wieder davon geredet haben ein Buch zu schreiben. Ein Buch über die Erlebnisse, die Einstellung und das Leben. Es ist eigentlich überhaupt nicht meines Wörter auf Papier zu bringen, viel lieber rede ich. Ja, das bekommen auch viele Bekannte mit, dass ich hier kaum zu bremsen bin. Manche sagen sogar, es sei ein Segen, wenn ich heiser bin und nicht sprechen darf. Ich habe mich aber trotzdem hinreißen lassen einige Erlebnisse mit meiner Partnerin hier festzuhalten. Die Namen wurden alle verändert, aber ich bin mir sicher, dass sich einige wiederfinden werden. Ihr könnt es als kleinen Ratgeber als 1 Mal 1 sehen, wie man mit dem offenen Leben und Eintritt in die Szene umgeht. Ihr könnt es aber auch als leichte Lektüre sehen, welche angenehm so zwischendrin mal schnell zu lesen ist. Ich glaub nicht, dass es langweilig wird, im Gegenteil.

Viel Spaß beim Lesen. Jack Fahrenheit.

PARTNERSCAHFT UND MONOGAMIE

Biologie und Geschichte

Habt ihr euch schon einmal gefragt warum die Meisten Menschen monogam leben? Zumindest offiziell und Ihrem Partner gegenüber? Warum beschäftigen sich viele Menschen immer wieder mal mit dem Gedanken andere Partner zu haben um sexuelle Erlebnisse mit Ihnen zu haben?

Es geht den meisten nicht darum sozial untreu zu werden, also die soziale Monogamie will ja jeder beibehalten und auch keineswegs aufs Spiel setzen. Der offizielle Status nach außen hin soll gewahrt werden, weil es ja sonst heutzutage nicht gesellschaftsfähig ist und vom sozialen Umfeld verpönt wird.

Aber warum ist das eigentlich so?

Dazu muss man etwas in der Geschichte graben, um dies zu verstehen. Anthropologen und Sozialwissenschaftler verwenden den Begriff „Monogamie" bei Menschen oft als „soziale Monogamie", die in den menschlichen Gesellschaften sehr oft als monogame Ehe definiert wird. 1949 wurden vom Anthropologen George P. Murdock Untersuchungen veröffentlicht, welche sich mit der Sozialstruktur von 238 unterschiedlichen menschlichen Gemeinschaften beschäftigte. Interessant ist es, dass nur bei 43 das System der monogamen Ehe vorhanden war. Das Resümee daraus ist, dass vor dem Kontakt mit der westlichen Welt ein Großteil der menschlichen Gemeinschaften (80 %) polygon lebten. Fakt ist aber auch, dass z.B. ein Harem Männern vorbehalten war die Macht und einen sozialen Status hatten und somit viele meistens mit einer Frau zusammenleben oder leben konnten. Diese Untersuchung ist von 1949. Nicht einmal 100 Jahre her!

Leben wir falsch oder belügen wir uns gegenseitig jeden Tag aufs Neue? Wer schrieb uns das vor?

Hierzu ist es, so wie ihr sicher vermutet die Kirche und das Gesetz, dass uns vorschreibt nur einen Partner zu haben. Die katholische Kirche und das bürgerliche Gesetzbuch definierten das Eherecht und die Einehe bereits am 1.1.1900. ähnliche Gesetze wie in Deutschland gibt es (leider) in vielen Staaten der Erde. Wir lassen uns also vom Gesetzgeber und von der Kirche vorschreiben wen wir lieben dürfen und mit wem wir gerne Zeit und den Alltag verbringen möchten. Das geht sogar so weit, dass in manchen Staaten es bis vor kurzen nicht mal erlaubt war sich scheiden zu lassen, wie z.B. in Malta bis zum Jahr 2011! In anderen Kulturen wieder geht die eheliche Treue sogar über den Tod des Partners hinaus. Ich persönlich finde das etwas eigenartig und gegen die ursprüngliche Natur des Menschen. Wenn man jetzt den Ursprung in der Biologie etwas genauer ansieht, bemerkt man, dass es bei unseren Vorfahren den Primaten nur bei ca. 3 % eine monogame Beziehung gibt. Und das lustige daran ist, dass sogar bei dem kleinen Anteil Seitensprünge von Wissenschaftlern und Forschern beobachtet worden sind. Der Mensch ist also nicht dafür geboren monogam zu leben - zumindest auf körperlicher Ebene. Sozial durchaus, das lässt sich auch in der Tierwelt beobachten, dass die soziale Monogamie einen deutlich höheren Stellenwert hat als körperliche. Welchen Schluss können wir daraus ziehen? Es ist völlig normal, wenn wir manchmal daran denken mit anderen sexuellen Kontakt zu haben. Dies können wir erstens gar nicht aus unserem Kopf abschalten und zweitens nicht verleugnen. Da ist es doch besser man redet mit seinem Partner darüber was für Vorstellungen und Gedanken man hat. Dein Partner hat sicher auch welche. Akzeptiert also das Normale.

WIE WERDE ICH FREI VON EIFERSUCHT

Seid stolz

Vorab gleich: „Es gibt kein Allheilrezept!" und für jeden bedeutet Eifersucht etwas anderes. Bevor wir das Thema genauer beleuchten ist es wichtig, dass wir in uns selbst hineinsehen. Betrachten sie sich im Spiegel. Was sehen sie? Eine attraktive Person, die zumindest von einem Menschen begehrt wird. Und jetzt denken sie an ihren Partner, ein sehr attraktiver Mensch der auch von mindestens einem nämlich Ihnen geliebt und begehrt wird. Ist es dann nicht auch verständlich, dass andere Ihren Partner oder Sie auch begehrenswert finden? Gerade weil ihr attraktiv oder interessant auf andere wirkt? Sei es durch sein Lächeln, durch Ausstrahlung, das Auftreten? Macht es Euch nicht stolz, dass sie der Partner dieses Menschen sind? Sehen sie es einmal genau von dieser Seite und sie haben den ersten Schritt geschafft. Seien sie stolz auf ihre Partnerschaft stolz auf ihr Leben! Stolz auf das, was ihr gemeinsam habt. Das hat kein anderer.

Begehrenswert

Und jetzt denken Sie einmal daran, wie es sich anfühlt von einer fremden Person begehrt zu werden. Eventuell flirtet diese Person sogar mit ihnen und wirft ihnen sehr verführerische Blicke zu. Fühlt sich das nicht genial an, einfach klasse. Das stärkt ungemein ihr Selbstbewusstsein. Ja sie sind attraktiv und auch andere finden sie interessant und wollen sie evtl. sogar näher kennenlernen. Und wer weiß welche Gedanken noch alle im Raum schweben. Das ist doch ein starkes Gefühl. Gönnen sie dieses Gefühl doch auch ihrem Partner, jetzt wo sie wissen wie es sich anfühlt und seien sie stolz drauf, dass sie mit ihrem Partner eine Bindung haben kein anderer – nur sie.
Diese Momente sind sehr schöne Momente, wenn sie diese genießen können, und zwar beide. Freuen sie sich, dass ihr Partner das schöne Gefühl bekommt und erleben darf. Diese Akzeptanz ist sehr wichtig, damit sie leichter den nächsten Schritt wagen können.

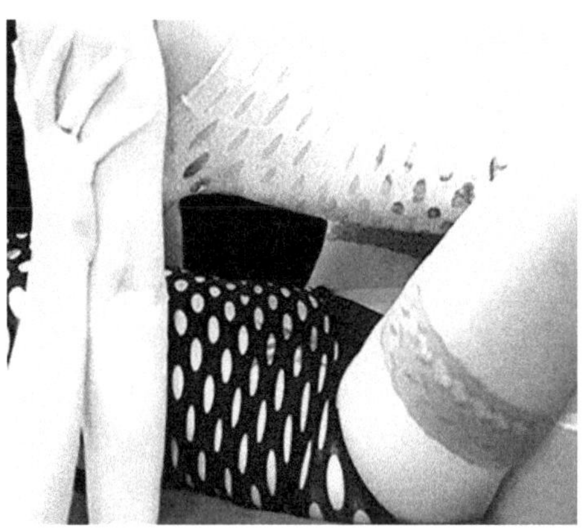

EINE ERSTE PARTY UND EIN BESUCH IM SWINGERCLUB

Erster Besuch einer frivolen Party

Ein möglicher leichter Start in das Swingen ist ein Besuch einer frivolen Party. Da stellt sich auch gleich das erste Problem dar. Wo finden solche Partys statt? Und auf welche Art von Party wollen wir überhaupt und welche wäre für den Anfang eine gute Wahl? Wie wird das sein? Wie sind die Leute dort? Fragen über Fragen tauchen auf und bleiben im ersten Moment oft unbeantwortet und verunsichern zu Beginn sehr.

Warum mit einer frivolen Party starten? Nun das lässt sich einfach erklären, es gibt Events die oft nur kleinere Bereiche zum körperlichen Vergnügen haben und das Hauptaugenmerk des Events liegt definitiv beim Partygedanken, also Musik, Tanz, Unterhaltung und manchmal mit Showeinlagen. Vom Dresscode her kann man pauschal keine korrekte Antwort geben, es kommt auf das Motto an. Um einige Beispiele zu nennen wäre da die „White Night", hier ist die Hauptfarbe weiß und alles andere an Kleidung wird beim Eingang abgewiesen und bekommt keinen Einlass, die Events von „Sub Rosa Dictum" bewegen sich im Fetischbereich, sehr oft Lack Leder, aber auch Anzug und Abendkleid sind hier gern gesehen. Wie gesagt, man muss sich den Event ansehen welcher Dresscode gewünscht wird. Hier ist es manchmal aber auch nur freiwillig, aber eine gelungene Party ist es, wenn man sich daranhält. Hinzu kommt, dass ihr euch auch wohler fühlen werdet, weil die meisten sich an den Dresscode halten. Bei solchen Events könnt ihr ungezwungen tanzen, Spaß haben und neue Menschen kennenlernen.

Hier kommen wir zu einem sehr schönen Part in der Szene. Ihr werdet, wenn ihr offen auf jemanden zu geht und ein Gespräch beginnt immer sehr nette Menschen kennenlernen. Und das Schöne daran ist, wenn ihr auch mitteilt, dass ihr neu in der Szene seid, dann wird oft erzählt was passieren kann und es entwickelt sich häufig ein schöner Abend. Bei den Erzählungen hört ihr oft witzige Erlebnisse, genauso wie spannende und prickelnde. Gesprächspartner für den Abend findet ihr wie gesagt sehr schnell. Ein guter Treffpunkt ist immer wieder die Bar. Einsam an einem Tisch und in einer Ecke zu sitzen bringt euch hier nichts und es ist schwieriger Kontakt zu knüpfen.

Wenn ihr ein paar Seiten nun zurückdenkt, werdet ihr nun folgendes erleben. Es wird geflirtet mit ihnen und ihrem Partner.

Erster Besuch einer frivolen Party

Das ist nicht nur eine Regel, sondern jeder in der Szene weiß das und es ist fast so zu sehen wie ein unausgesprochenes Gesetz. Wenn euch irgendetwas also missfällt oder unangenehm ist, sagt einfach „Nein" oder gebt anders ein eindeutiges Zeichen. Die Grenze wie weit ihr geht ist bei jedem anders. Damit ihr eurem Partner hier auch vertrauen könnt und es euch einfach leichter fällt, vor allem zu Beginn, ist es manchmal hilfreich sich gegenseitig mit dem Partner Richtlinien festzulegen. Richtlinien, was ihr eurem Partner alles erlauben wollt und euch selbst auch erlaubt wird und was nicht. Wo ihr die Grenze setzt liegt klar bei Euch. Es ist nur wichtig, dass ihr euch daranhaltet.

Am Abend selbst in einem Club oder bei einer Party ist dann kein Platz dies auszudiskutieren. Es gibt Paare bei denen gibt es von Anfang an keine Richtlinien und jeder darf alles vom ersten Tag des Swingens weg und es gibt auch solche die zum „Heranschnuppern" Regeln brauchen um sich langsam heranzutasten und erst das Gefühl erlernen müssen wenn mit anderen Fremden mehr passiert als nur ein Gespräch oder ein Flirt. Dies ist zu Beginn sicher nicht leicht, denn jeder Mensch ist anders und jeder geht anders mit dem Thema um. Es gibt auch kein Allheilrezept, dass genau die jetzige Entscheidung, die ihr für den ersten Event trefft die richtige ist. Eines kann ich euch jedoch sicher garantieren, ihr werdet nach jedem Event oder zukünftigen Clubbesuch etwas zu reden haben und ihr werdet viel reicher an Erfahrung.

Ein erster Event

Wie schon vorher beschrieben geht es bei größeren Events oft eher um Party. Nun wo findet ihr jetzt solche Events. Eine einfache Möglichkeit ist es sich in Plattformen anzumelden. Hier gibt es zum Beispiel joyclub, erotikforum, sdc, LeSwing usw. am besten einfach in Google „Swinger" und „Forum" eingeben.

Ein Tipp noch, wenn ihr euch registriert, überlegt euch einen einfach aber leicht zu merkenden Nicknamen, vielleicht auch einen der eher nicht schon gewählt wurde und registriert euch überall mit dem gleichen Nicknamen. Das erleichtert es euch nicht verschiedenen Usernamen merken zu müssen. Um nun einen einfachen Überblick über Veranstaltungen zu bekommen nehmen wir als Beispiel die Plattform joyclub her. Joyclub ist eine Plattform rund ums Thema Erotik. Es gibt hier ein Online Magazin, User mit Date Gesuchen, Fotografen, Models und natürlich auch Veranstalter und Clubs, die Ihre Events hier bewerben. Wenn ihr als joyclub Mitglied registriert seid, seht ihr auch sehr einfach wie viele Gäste bei den Events angemeldet sind. Das erleichtert die Entscheidung wo man als erster hingehen kann.

Nun seid ihr kurz vor dem ersten Event und klar ihr seid vielleicht sogar nervöser als sonst bei einem Ball oder Faschings Gschnas. Ich persönlich finde es wichtig, dass ihr euch Zeit nehmt zur Vorbereitung. Sucht euch das passende Outfit raus, wo ihr euch wohl fühlt und wo ihr euch sexy fühlt. Euer Partner ist hier sicher gern behilflich. Euer Outfit kann jetzt natürlich ganz unterschiedlich sein, je nach Motto oder Veranstaltung. Zum Beispiel der Mann im Anzug und die Frau im kleinen Schwarzen bis hin zu komplett in weiß oder in Clubs ganz einfach der Mann in Pants und die Frau in einem sexy Kleid oder Dessous. Beim Anziehen und Vorbereiten selbst werdet ihr schon stolz auf euren Partner sein und ihr merkt auch schon bevor ihr gemeinsam auf die Piste geht, „wow das sieht scharf aus". Nachdem ihr euch entschieden habt was ihr für Kleidung anzieht und mitnehmt oder gleich direkt angezogen hinfährt ist eines absolut wichtig. Ihr solltet darüber reden, was ihr euch gegenseitig erlaubt und was nicht. Ihr solltet Euch auch einen Code überlegen, wenn Grenzen überschritten werden, wie ihr es eurem Partner signalisieren könnt sollte eine Situation nicht passen. Zum Beispiel ist sehr oft zu beobachten, dass „küssen auf den Mund" ein Tabuthema und nicht erlaubt ist. Welche Grenzen ihr euch auferlegt ist natürlich euch überlassen. Aber überlegt sie euch gut, einerseits wollt ihr euch ja nicht seelisch verletzen und andererseits wollt ihr vielleicht schon beim ersten Event was erleben. Ein Zeichen oder auch Signal, um euren Partner ein Tabu mitzuteilen wäre zum Beispiel „ich muss mal was trinken, ich gehe mal zur Bar" bzw. „ich hab Lust zu tanzen, ich geh mal vor", „ich brauche mal eine Pause, ich geh mal duschen". Egal für was ihr euch entscheidet, bzw. was euer Signal ist seid bitte so respektvoll und wählt etwas Dezentes. So zerstört ihr den Abend nicht und es kann ein Tabu oder eure aktuellen Unbehagen sanft aber direkt klargelegt werden. Noch ein kleiner Tipp. Wählt keinen Code der eventuell im Eifer der Situation nicht bemerkt wird, wie zum Beispiel ein Klopfen auf den Schenkel oder so. Das klappt definitiv nicht und geht schief beziehungsweise wird gar nicht bemerkt und führt letztendlich zu unangenehmen Diskussionen im Nachhinein.

Apropos im Nachhinein. Ich persönlich finde es wichtig auch über das erlebte miteinander zu sprechen. Was hat euch gefallen, was hat Euch weniger gefallen. Wo wollt ihr euch noch weiter vorwagen. Es ist hier absolut wichtig, dass ihr ehrlich zueinander seid und keine Geheimnisse habt. Ihr blockiert euch sonst damit komplett selber und werdet unzufrieden. Und irgendwann drängt euch der Gedanke dann sowieso, dass ihr es erzählen wollt, wozu also warten und es für sich behalten. Teilen ist doch schön und die Begierde vermehrt sich, wenn man sie teilt.

Neugieriger als vorher

Ihr seid auf den Geschmack gekommen und habt den letzten Event als sehr schön und interessant in Erinnerung. Das der Abend ganz und gar nicht so verlaufen ist, wie ihr euch vorgestellt habt ist ganz normal. Mit einer bestimmten Erwartungshaltung zu einer Veranstaltung zu gehen so nach dem Motto, „hoffentlich passierte heute dies oder jenes", geht oft schief. Es ist viel besser zu dem Abend Platz zu geben, um sich zu entwickeln.

„Lass uns den Abend genießen und sehen was kommt". Ihr verschwendet ihr keine nutzlosen Gedanken an das was hätte sein können oder an das was ihr euch wünscht das passieren soll. Das bringt absolut nichts. Ihr könnt es auch nur bedingt beeinflussen, da viele Faktoren von einem gelungenen Abend abhängen. Die Stimmung, die Gesellschaft, euer Wohlbefinden, ja auch die Gesprächsthemen und so weiter beeinflussen einfach sehr viel. Eine positive Grundeinstellung ist das wichtigste. Unvoreingenommen in den Abend zu starten und dann oft mit schönen Erlebnissen überrascht zu werden.

Diese Unvoreingenommenheit und positive Einstellung hilft euch, wenn ihr nun weiter plant und einen ersten Swingerclubbesuch ansteuert. Auch hier helfen euch Plattformen, die ich oben bereits genannt habe. Welcher Club zu euch passen wird ist schwer zu sagen, da es eher an den Gästen liegt, ob ein Abend gelingt. Natürlich sollte ein Lokal sauber geführt sein und die Räumlichkeiten ein Gewissens Flair ausstrahlen und zum Wohlbefinden beitragen. Auf der anderen Seite kann aber auch ein familiär geführter Club hier seinen Reiz haben. Wie gesagt entscheidend zu einem Abend wird immer das Publikum sein, denn die Gäste machen die

Stimmung. Deswegen kann man nicht einfach sagen, dass der eine Club gut ist oder besser als der andere.

Jeder Swingerclub hat auch andere Gepflogenheiten und oft unterschiedliche Räume. In manchen Clubs gibt es versperrbare Zimmer, bei denen man nur durch ein kleines Fenster zusehen kann was darin geschieht. In anderen gibt es große Rittersäle die zum Spielen und Spaß haben einladen. Es empfiehlt sich hier entweder im Forum oder auf der Homepage des Betreibers etwas zu stöbern und die Räume und Regeln des Betreibers zu kennen. Generell ist es zumindest in Österreich und Deutschland so, wenn ihr das erste Mal den Club besucht klären euch die Betreiber über alles auf und manchmal bekommt man auch eine Führung wo alle Räume gezeigt werden.

Fast alle Clubs haben eine Garderobe und Duschmöglichkeiten, zumindest in Österreich und Deutschland. Hier gibt es auch in den Clubs einen entsprechenden Dresscode, an dem man sich halten soll. Das Auge ist ja bekanntlich mit und wir wollen ja attraktiv wirken! Ich erwähne immer ausdrücklich Österreich und Deutschland. Das liegt daran, dass es auch unterschiedliche Einstellungen zum Dresscode in den verschiedenen Ländern gibt. In Gran Canaria zum Beispiel gehen in manchen Clubs die Gäste mit Alltagskleidung hin und im gleichen Lokal laufen andere komplett nackt herum. Hier würde man sich einen Dresscode manchmal wünschen.

Im Club angekommen, umgezogen und euer Outfit angelegt seid ihr auf dem Weg zur Bar. Es ist oft der erste Anlauf, und ihr seid in einem Lokal, wo man sehr schnell neue Kontakte knüpfen kann. Es kann durchaus sein, dass an der Bar viel los ist und ihr eher aus der Ferne mal beobachten wollt. Dann sucht euch ein Plätzchen was aber nicht allzu weit weg ist, ihr wollt doch eine netten Abend verbringen und eventuell wieder neue Menschen kennenlernen. Das geht nun Mal nicht, wenn ihr euch in der Ecke versteckt.

Sehr häufig ist es der Fall, dass auch Speisen bei den Clubbesuchen inklusive sind. Diese können von kleinen Snacks bis hin zu a la Chart Service am Tisch reichen. Das ist sehr unterschiedlich in den Lokalen und steht auch gerne bei dem Veranstalter bzw. der Veranstaltung dabei.

Nach einiger Zeit im Club werdet ihr bemerken, dass sich einige Gäste zurückgezogen haben. Aber nicht um sich zu verstecken nein vielmehr, um sich gegenseitig zu verwöhnen und vergnügen. Entweder miteinander oder mit anderen oder auch in größeren Gruppen. Es ist alles möglich und ihr werdet merken, umso länger ihr in der Szene fortgeht, desto mehr werdet Ihr sehen und auch erleben. Geht am besten eure Neugier nach und schlendert mal in die Räumlichkeiten. Meistens kann man sehr schön beobachten, ohne zu stören. Es ist auch keine Überraschung, wenn ihr solchen Szenarien prickelnd und anturnend findet. Was ihr dann mit dem Gefühl macht liegt bei euch.

Ein scheuer erster Start

Wenn ihr es langsam angehen wollt und euch einfach Zeit lassen wollt, bevor ihr weiter geht ist es eine gute Möglichkeit einen Raum aufzusuchen, den man absperren oder zum Beispiel mit einer Kordel zuhängen kann. Eine zugehängte Kordel bedeutet immer kein Einlass aber Zusehen ist erlaubt. So kann euch nichts passieren oder es kann keiner dazustossen ohne dass ihr es nicht ausdrücklich erlaubt. Aber ihr bekommt das Gefühl wie es ist, wenn wer zuseht. Vielleicht ist das eure erste Erfahrung unter Zuseher und Voyeuristen. Das kann auch durchaus einen Anreiz bieten und ihr könntet auch Gefallen daran finden. Probiert es einfach aus. Und wenn euch die Zuseher wirklich stören sollten, schließt einfach die Augen und genießt die Zeit.

Wenn ihr Zeit braucht, dann nehmt sie euch. Es gibt Paare, die benötigen sehr lange bis sie eine weitere Person in Ihr Liebespiel mit einbeziehen und andere wiederum haben beim ersten Clubbesuch gleich eine Orgie mit mehreren. Es muss für euch passen, für sonst niemand. Denn wenn ihr euch wohl fühlt, dann strahlt ihr das auch aus und wirkt attraktiver. Ein fröhlicher euphorischer Mensch wirkt nachweislich einfach attraktiver und das kann man eben auch leichter sein, wenn man zufrieden ist.

REALE ERLEBNISSE EINES PAARES AUS ERSTER HAND

Erzählungen nach Interview mit einem Paar aus der Swingerszene. Ihr Spitzname ist Vita und er nennt sich gern Bono. Die Namen ihrer Bekannten in den Erzählungen wurden natürlich verändert.

Der Lachflash
(Vita und Bono erzählen)

„Es war an einem Freitagabend und wir planten einen schönen Abend im Swingerclub Bellevue, damals noch geführt von Harry. Oh, wie wir den alten Betreiber vermissen. Nun denn, wie gesagt es war Freitagabend und wir hatten uns unsere Garderobe schon bereitgelegt. Gleichzeitig an diesem Freitag war noch ein anderer Event, der uns aber zu weit entfernt war und wir haben uns für Werfen entschieden. Gerade weil wir den Club schon seit der Eröffnung 2009 gut kannten, wussten wir, dass der Abend sicher wieder nett wird und so war es auch. Wir kamen an und wurden wie immer auf das herzlichste von Harry begrüßt. Man fühlte sich sofort an der richtigen Stelle und sehr willkommen. Ein kleiner Plausch beim Eingang an der Kasse und danach gingen wir in die Garderobe, um uns umzuziehen. Gestylt ging es hoch in die sehr stilvoll eingerichtet Bar mit einem Holzkamin, der zusätzlich für eine schöne Stimmung sorgte. Wir sind immer sehr früh in den Clubs, da wir gerne sehen, wer zur Tür reinkommt. So können wir unsere „Beute" beim Hereinkommen gleich abchecken. Nach einiger Zeit kam der erste Gast. Ein Mann mit Humor, das merkte man gleich als er zur Bar kam. Ein kräftiges „Grias Eich beinand" erhöhte gleich die Stimmung. Er war von Anfang an ein witziger Kerl, sympathisch aber keineswegs in dem Kaliber, dass wir in mit uns in ein Zimmer mitnehmen würden. Natürlich wurde Vita wie immer von oben bis unten begutachtet von ihm und er hat sie beinahe mit den Augen ausgezogen. Kein Wunder bei dem sexy Outfit, was sie anhatte. Ein kleines schwarzes Cocktailkleid mit einer silbernen Kette am Rücken. Ganz deutlich war zu erkennen, dass darunter nichts versteckt war als ihre blanke nackte Haut. Natürlich zieht eine Frau damit die Männerblicke an. Zurück zum männlichen Gast. Nach ein bisschen Smalltalk und leckerem Essen im Speiseraum, saßen wir alle an der Bar und der nette Gast begann mit Erzählungen aus seinem Leben. Nur erzählte er diese nicht normal. Nein keineswegs, er verpackte alle Geschichten mit so viel Humor und Witz, dass wir aus dem Lachen nicht mehr rausgekommen sind. Hinzu kamen noch Witze die richtig geflasht haben. Letztendlich war es auf einmal etwa zwei Uhr früh und wir bemerkten, dass wir erstens immer noch zu dritt waren und zweitens, dass wir morgen 100%ig einen Bauchmuskelkater haben werden. Von Erotik war an diesem Tag nicht viel zu spüren im Club, aber so ist es halt manchmal.

Man kann nicht alles planen, wie es läuft umso überraschender wird der Abend manchmal. Der Abschluss kam dann zuhause. Bei der Heimfahrt konnten wir bereits unsere Hände nicht von uns lassen. Immer mit den Gedanken, „Es war ein lustiger Abend, aber wuschig sind wir noch immer". Und wie heißt es doch so schön „wer vorher sündigt, schläft besser". Also haben wir alles getan, damit wir auch gut schlafen.

Unsere erste große Party – die „White Night" im St. Tropez (Vita und Bono erzählen)

„Als wir, schon zirka zwei Jahre in der Swingerszene unterwegs waren wollten wir zu einer richtig großen Swingerparty gehen. Wir machten uns in Joyclub auf die Suche und fanden die Bekannte „White Night" im Swingerclub St. Tropez. Der Dresscode ist weiß. Da wir nichts Weißes hatten, mussten wir noch shoppen gehen. Oh was für ein Pech. Gesagt getan und wir gingen einkaufen. Wir finden es sehr reizvoll in einem Erotikgeschäft sexy Kleidung zu kaufen und anzuprobieren. Vor allem Bono ist hier voll in seinem Element und bringt immer wieder Sachen zu probieren. Mal mit etwas mehr Stoff, dann wieder ein Hauch von Nichts. So macht shoppen Spaß. Da das Motto „White Night" war hielten wir uns natürlich daran und waren komplett in weiß gekleidet und das war gut so. Vita hat ein weißes Netzkleid an was nur das allernotwendigste bedeckte und Bono war in einer Kombi aus weißem Leder und Stoff gekleidet. Als wir zur Party kamen bemerkte man gleich hier wird wirklich streng kontrolliert, welche Personen Einlass finden. Erstens muss man angemeldet sein, da die Veranstaltung mit mehreren hundert Gästen ausgebucht war und zweitens wurde der Dresscode strikt überprüft. Auch ein männlicher Gast versuchte Eintritt zu bekommen der ein dunkles Shirt anhatte, also komplett neben dem Motto mit seinem Outfit war. Ihm wurde ganz klar der Eintritt verwehrt. Wir finden das absolut cool, dass hier so genau mit dem Motto umgegangen wird, denn das garantiert auch einen gewissen Stil und Erfolg der Mottoparty. Im Foyer und im Club selber war das ganze Ambiente einfach ein Traum. Alle Gäste hatten weiße Kleidung an und im UV-Licht an manchen Stellen wirkte dies fast schon magisch. Es ist erstaunlich welche Outfits mit weiß möglich sind. Das hätten wir nie gedacht. Von einem weißen Matrosenanzug bis hin zu weiß transparenten Kleidchen war alles vertreten. An diesem Abend waren knapp 700 Gäste angemeldet und wir dachten bei der Anmeldung damals schon, so eine große Party haben wir noch nie besucht. Mal sehen, wie das wird. Noch größer geht wohl kaum eine Party und uns war auch klar, dass wir hier sicher keine sexuellen Erlebnisse haben werden, sondern nur Party. Nach einem kurzen Rundgang durch den Club und die Location wurde das Buffet eröffnet. Wir haben schon davon gehört, dass die Verpflegung im St. Tropez sehr exklusiv und vielfältig ist. Ja, wir waren überrascht und die Meinungen von Bekannten, die schon hier waren und uns davon erzählten wurden bei weitem übertroffen. Eine solche Vielfalt und Exklusivität haben wir noch nie in einem Club erlebt bzw. nicht einmal bei einer Weihnachtsfeier oder sonstigen Feierlichkeit in unserem Leben. Es gab wirklich alles dort und gleichte einem großen Buffet einer Hotelkette. Ein wahrer Traum für die Geschmacksnerven. Am Speisetisch lernten wir dann auch ein sehr süßes Pärchen kennen (Jessie und Markus) mit denen wir uns sehr gut unterhalten haben. Nach dem Essen gingen wir tanzen was uns sinnlich berührte und erregte. Die Musikwahl und der DJ hatte ein gutes Gespür dafür, damit die Gäste auf der Tanzfläche blieben. Nach einiger Zeit wurden wir dann von einer Showeinlage. Wir haben uns einen Platz in den vordersten Reihen gesichert und wir saßen mit Jessie auf einer Bank und Markus stand daneben. Die Showeinlage war sehr professionell und sexy. Ein Mix aus Musik, Feuer und nackter Haut. Eine sehr athletische Frau wurde von einem Feuerschlucker begleitet und verbog sich auf erotische und ja auch unnatürliche Weise. Dies lies auch öfter Einblicke zu die Bono unweigerlich Gedanken in den Kopf zauberte und sich so natürlich auch seine Hose immer mehr und mehr spannte. Jessie bemerkte dies und begann ihn zu necken und die Hose von Bono wurde beinahe gesprengt. Also sie jedoch begann den Reißverschluss zu öffnen, langsam und behutsam – und jetzt kommt es – zwickte Jessie ganz leicht mit dem Reißverschluss sein Bonos Teil ein. Zum Glück nur ganz leicht, aber der Schreck war kurzfristig sehr groß. Die Händchen von Jessie haben dies aber gleich wieder behoben.

Nachdem alles wieder senkrecht war und wir alle von der Show wirklich angeregt waren kam der Gedanke, ob wir mal die Zimmer ansehen sollten und es kam fast gleichzeitig der Satz, „Wahrscheinlich ist eh kein Platz, aber gehen wir einfach mal schauen." Und es ist nicht zu glauben es ist ein Raum frei, bei so vielen Gästen ist Platz? Irre, das muss wohl Schicksal sein und wir gingen in das Zimmer. Kurz eine Stoßlüftung **gemacht,** um Frischluft zu tanken und reinzulassen und die ersten Berührungen haben nicht lange auf sich warten lassen. Es war ein zärtliches sinnliches Miteinander. Ohne Hektik und Stress. Ruhig und behutsam und als Bono dann vernascht wurde, genoss er es bis in die kleinste Zehenspitze. Seine Eichel wurde mit Küssen und Zungen verwöhnt und er hat alles Geschehen lassen. Wir genossen es beide Verwöhnen und verwöhnt werden. Es war ein irres Durcheinander jeder mit jedem, nackte Haut schöne Körper, alles was die Sinnlichkeit braucht und uns immer mehr und mehr anturnte. Als Bonos Stück dann von den

Frauen verwöhnt wurde bemerkte er nicht wer daran gerade zugange war und es verwöhnte. So nach etwa 1 bis 2 Stunden waren wir leicht erschöpft und vor allem durstig und wir gingen zusammen duschen und anschließend wieder zur Party um unseren Durst zu löschen. Mit einem leichten grinsen von uns allen fragte Markus vom anderen Paar dann Bono: "Und, wie hat es dir gefallen? War es gut?" Bonos Antwort war schnell und klar, es war echt klasse und sehr gut und angenehm. Das Paar meinte daraufhin, „Also hat er es gut gemacht, cool". Darauf war Bono kurz sprachlos. Er hatte noch nie eine Erfahrung mit einem Mann und dies überraschte ihn total. Ja es überforderte ihn sogar etwas und musste es erst einmal auf die Reihe bekommen. Letztendlich musste er aber eindeutig zugebe, dass es ein sehr schönes Erlebnis war und es im Eifer des Gefechts eigentlich egal ist wie, wer was mit wem. Hauptsache es gefällt.

Der erste Dreier mit einer sexy Lady – FFM
(Bono erzählt)

„Es kam wieder einmal Wochenende und was gibt es Schöneres als einen entspannten Abend in einem Club zu verbringen. Das „normale Fortgehen" haben wir mittlerweile schon satt, weil man einfach nicht so leicht ins Gespräch kommt wie bei einer Party oder einem Besuch in einem Swingerclub. Unsere Entscheidung war schnell getroffen und wir fuhren in einen Club, der nicht allzu weit weg war von uns. Der Abend begann irrsinnig schön, wir meldeten uns via der Plattform Joyclub zum Abend im Club an und betrachteten die angemeldeten Gäste. Mit der Plattform Joyclub ist das sehr leicht, da man direkt beim Event die Gästeliste betrachten kann und siehe da, es sind einige Bekannte dort. Wir swingen schon seit ein paar Jahren und treffen immer wieder Bekannte in Clubs. Der Abend ist schon gebongt und wir stimmten unser Outfit noch ab, so dass wir gut zusammen harmonieren. Man will sich ja auch präsentieren. Ich hatte gerne was schwarzes Lockeres an. An diesem Abend passten Pants und ein enges Shirt, Vita hat ein sexy Cocktailkleid an. Sie hat hier viel Auswahl, da ich gerne für Sie einkaufe und Dresses bestelle.

Als wir im Club ankamen trafen wir auch gleich unsere Bekannten. Küsschen und zur Begrüßung anstoßen ist schon obligatorisch und gehört dazu. Und natürlich habe ich mich umgesehen, welche Paare und Frauen heute da sind und welches Outfit unsere Bekannten gewählt haben. Ich sag's euch eine Augenweide. Ich trau mich sagen, unsere Bekannten haben alle Stil und wissen genau wie man sich in Szene setzt. Nichts aber gegen meine Frau Vita, die macht mich allein durch ihre Anwesenheit neben mir an der Bar schon heiß, vor allem da ich weiß, dass sie nichts darunter hatte.

Nach viel Spaß und Gelächter an der Bar sprach uns ein Paar an ob wir mit hochgehen würden. Sie hieß Sarah und er glaub ich Thomas. Thomas meinte, er will eigentlich nicht mehr und er legt sich daneben und sieht zu. Ok, dachten wir vor allem war ich begeistert, es sieht so aus als würde dies mein erster Dreier mit zwei Frauen werden. In dem Moment wurde ich auch nervös, um ganz ehrlich zu sein. Aber ich lenkte mich gleich wieder ab und betrachtete Sarah ganz genau, sie hatte einen ähnlichen Stil wie Vita. Kurzes knappes Cocktailkleid, sehr attraktiv und eine leicht fordernde Art machte mich wirklich sehr an. Die sinnliche Ausstrahlung und das sexy Verlangen in ihren Augen zeigte mir, dass sie mich vernaschen will.

Als wir ausgetrunken haben gingen wir dann hoch aufs Zimmer. Sarah zog uns gleich in den erstbesten Raum und es dauerte nicht lang, da war sie schon komplett nackt. Sie will es und sie will es jetzt und sofort. Das habe ich in ihren Augen gesehen. Sarah und Vita zogen mich aus mit Küssen am Hals, Berührungen im Schritt und eher als ich es registrierte war ich blank. Die Damen genossen es mich zu verführen und in den Wahnsinn zu treiben, und mich immer zu bremsen als ich das Ruder an mich nehmen wollte. Sie hatten beide das Zepter in der Hand und hatten das Sagen. Als ich am Rücken lag führte ich Vitas Schoss zu meinem Gesicht. Ich liebe es Frauen zu verwöhnen und sie mit meiner Zunge zum Orgasmus zu bringen. Langsam an die Spitze zu führen und kurz vorher aufzuhören. Das ganze mehrmals bis sie explodiert und einfach nicht mehr kann. Nur diese Rechnung habe ich diesmal ohne die Mädels gemacht. Während ich gerade dabei war Vita genüsslich mit meiner Zunge zu verwöhnen bearbeitete mich Sarah mit Ihren Lippen. Sie gab mir Küsse auf der Brust während Sie mit Ihrer Hand meinen Penis massierte. Vita hob ihren Schoss immer wieder um Abstand zu meiner Zunge zu bekommen um mich sichtlich noch gieriger darauf zu machen. Sarah bewog Ihre Zunge und Ihre Lippen immer weiter zu meinem harten Glied und kam letztendlich mit ihrem feuchten heißen Mund zu meiner Eichel. Sarah und Vita genossen es mich zu vernaschen, mich zu reizen und auf eine Explosion vorzubereiten. Es war so was von aufregend ich konnte es kaum fassen. Als Vita merkte, dass ich schon so hart wurde, dass mein Blut aus dem Kopf in Richtung Becken glitt und das Einzige was bei mir außer meiner Zunge meiner Hände noch funktioniert mein Glied war ließ sie mich an Ihre Lippen und an ihrem Kitzler saugen und spielen. Sarah leckte und blies meinen Schwanz so als hätte sie noch nie einen gehabt und um schloss ihn mit ihrem Mund so fest, dass ich es nicht mehr aushalten konnte. Im Gleichklang brachten meine geschickte Zunge und schnellen Finger Vita zum Orgasmus, während mich Sarah erlöste und ich heftig aufstöhnte. Das dachte ich zumindest, bis sie nicht losgelassen hat. Mein Schwanz blieb steif und das nützte Sarah aus. Mir kam so vor als dachte sie, „mal sehen wie oft er kann". Sie legte darauf hin mit gezielten Handbewegungen wieder los und ich blieb standhaft und hart. Sehr empfindlich nahm Sarah hier in dem Moment keine Rücksicht, sie ist die Chefin und will mich sichtlich als Freiwild erlegen und dazu braucht es anscheinend mehr Schüsse als nur einen.

Vita hielt ich fest bei mir und genoss es sie mehrmals zum Orgasmus zu führen. Sie wurde immer lauter mit jedem Mal was mich sichtlich anturnte und immer mehr aufgeilte. Sarah bemerkte dies natürlich und nutzte dies schamlos aus und es war gut so. Denn nach der zweiten Explosion stand ich kurz vor der dritten. Es war so extrem als würde alles um mich herum verschwinden und nur mehr ich alleine hier sein. Ich explodierte, dass ich dachte jetzt ist alles voll. So fühlte es sich an. Ich war sichtlich überrascht und nach einen kurzen Moment dachte ich, „wohin ist das ganze Pulver verschwunden? Keine Ahnung, aber egal". Es war für mich sehr überraschend, mehrmals hintereinander ohne Pause zu kommen. Es ist bekannt, dass ich ein kleiner Nimmersatt bin, aber wenig Frauen wissen dies zu nützen und dieses Erlebnis war sicherlich ein Highlight. Es war ein so geiles Date, dass wir jederzeit gerne wiederholen. Ich denke immer wieder mal daran. Tja an schöne Erlebnisse erinnert man sich einfach immer wieder

Glory Hole – kurz und knapp
(erzählt von Vita)

„Wir waren auf einen Wochenendtrip in Wien und spazierten so die Einkaufsmeile entlang. Wir lieben Wien. Es ist eine sehr schöne Stadt und wird oft unterschätzt. Viele schöne Gärten, schöne Einkaufsmöglichkeiten und genug Gelegenheiten, um am Abend fortzugehen. Die Mariahilfer Straße ist eine sehr lange Straße in Wien und es gibt viel zu sehen und zu shoppen. Wir waren auch beim Museumsquartier wo es immer wieder irgendwelche Events gibt, die oft auch kostenlos sind. Diesmal hatten wir da Glück, dass es Desperados Verkostung gab. Es war ein sonniger Tag und nachdem langen Marsch kam die Verkostung genau richtig. Wir chillten in Sitzsäcken am vor dem Museumsquartier und tankten wieder Energie. Ein cooles Feeling. Das Museumsquartier ist generell ein heißer Tipp, da hier immer wieder kleinere und größere Events stattfinden. Bis dato hatten wir immer Glück, wenn wir ihn Wien gewesen sind. Jedes Mal als wir hier waren hat ein Event stattgefunden.

Nach einem leckeren Desperados in der Sonne gingen wir weiter. Fast am Ende angelangt kamen wir an einem Sexshop vorbei. Natürlich mussten wir da rein, wenn wir schon mal da sind. Bono zieht das an wie ein Magnet, einfach nur stöbern und gucken. Ich bin mir oft nicht sicher, ob er schon vorher nachgesehen hat wo eine Gelegenheit für Erotik ist, aber egal. Es wirkt überraschend. Was er nicht wusste und ich schon gar nicht, ist dass im hinteren Bereich des Geschäftes ein Erotikkino war. Es war Glück und Schicksal denn an diesem Tag zahlten Paare keinen Eintritt. Na, wenn wir schon da sind, dachten wir, dann gehen wir doch rein. Überraschenderweise war es sehr ruhig. Es gab einige Lounge Bereiche im Kinostyle und einige Kabinen mit Löchern in der Seitenwand in der

Höhe des Beckens. Da wir schon einige Jahre Swinger sind, wussten wir natürlich, dass es sich hier um sogenannte „Glory Holes" handelte.

Aus dem Nichts hörten wir auf einmal Geräusche. Es war schwer zu definieren welche, aber es klang so als wenn sich da wer in der Kabine vergnügt. Bei genauerem Hinhören war es klar, dass hier ein Mann einen geblasen bekommt und er es deutlich genoss. Das war an den Geräuschen zu hören. Bono ist sehr neugierig und anfangs immer etwas zögerlich, so fragte er mich, ob er sein Stück da reinstecken soll. Natürlich soll er probieren, warum nicht. Bono packte seinen Penis aus und steckte sein bestes Stück in das Glory Hole. Er war sichtlich aufgeregt und neugierig ob überhaupt etwas geschehen wird. Man weiß es ja nicht. Bevor er noch nachdenken konnte wurde schon an ihm herumgearbeitet und ein Mund auf der anderen Seite des Glory Holes machte seine Sache sehr gut. Normal benötigt mein Mann einige Zeit um zum Orgasmus zu kommen, aber dieses Mal war es sehr schnell vorbei und er kam heftig. War es die Aufregung oder die Spannung? Vermutlich alles zusammen und neu war es eben auch. Ich habe dann neugierig noch durch das Loch gesehen und was sah ich da? Es waren zwei Männer, wie ich vermutet habe in der Kabine. Ich flüsterte meinem Mann das in sein Ohr und er war geschockt und wollte nur mehr raus aus dem Kino. Ich fand es lustig, vor allem weil er so schnell gekommen ist und das von einem Mann. Er musste das sichtlich noch verarbeiten, dass dies nur einige Minuten gedauert hat, aber es ging ihm kurz darauf gut. Dies war eine Erfahrung, die wir nicht missen wollen, vor allem war sie wie ein Überraschungsei. Spiel, Spaß und Spannung und die Überraschung nicht vergessen."

Die etwas andere Party – SubRosaDictum
(erzählt von Vita und Bono)

Nachdem wir schon circa ein Jahr in der Swingerszene unterwegs waren at mein Mann von einem Event erfahren, der erstmals in Salzburg stattfinden sollte. Ein Event aus der Reihe Subrosadictum. Es ist ein Party die sich primär um den Fetischbereich dreht und das war für uns komplettes Neuland. Gut wir hatten schon im Fernsehen bei RTL Explosiv so manche Reportagen gesehen aber live noch nie. Somit haben wir uns entschlossen diesen Event zu besuchen. Da kam auch gleich das erste Problem. Was ziehen wir an. Nachdem wir uns etwas schlau gemacht haben, merkten wir, dass auch Anzug und knappe Cocktailkleider gern gesehen sind. Es war also nicht so schwer, denn dies gehört eh in jede Garderobe.

Gespannt auf den Abend fuhren wir zu dem Event und gleich beim Eingang merkten wir, dass wir auffallen werden. Nicht weil wir overdressed waren, sondern eher das Gegenteil. Die meisten hatten echt ausgeflippte Sachen an von kompletten Latexanzügen bis hin zu einem Pferdeoutfit wo sogar die Hände mit Hufen verkleidet waren. Wir kamen schon beim Eingang kaum aus dem Staunen raus. Als wir dann in der Location waren blieb uns beinahe die Spucke weg. So eine tolle Location hatten wir selten bei einem Event. Es war ein altes sehr gepflegtes Herrenhaus und die Beleuchtung und Möbel wurden komplett ausgetauscht und für den Event aufgebaut. Auch die Musik war der absolute Hammer, ein erstklassiger Mix an neu und alt. Von Electro, Dance, House bis Rammstein war wirklich für jeden etwas dabei. Und der DJ machte seine Sache sehr gut. Er hat es gut im Gefühl die richtige Mischung aufzulegen, so dass die Tanzfläche immer voll war. Ein echt starker Abend und Mix von ihm.

Beim Event selber viel uns auch ein sogenannter „Spielbereich" auf. Nach einigen Drinks und Tanzeinlagen schlenderten wir dorthin. Dort merkten wir was mit "Spielen" im BDSM Bereich gemeint ist. Das Spiel von Dominanz und Unterwerfung wurde hier öffentlich zur Schau gestellt und gezeigt. Von einfachen Fesselungen bis hin zur Demütigung mit einer Peitsche gab es hier keinerlei Grenzen. Es war absolut interessant mal so etwas live zu sehen und zu erleben. Für uns selber ist diese Art definitiv nichts. Der Eintritt bei dem Event ist nicht unbedingt günstig, was aber den Vorteil hat, dass hier wirklich nur sehr gut gekleidete Gäste anwesend sind. Eine Upper Class möchten wir sagen. Selten haben wir so gut gestylte und gepflegte Menschen gesehen wie an diesem Abend. Die Subrosadictum Events sind ein absolutes Muss für jedes Paar. Zumindest einmal sollte man einen Event der Reihe besuchen. Seit mittlerweile 10 Jahren gehen wir fast jährlich hin, manchmal in Salzburg aber auch mal in München in den „geheimen Garten". Wir freuen uns jetzt auch schon auf den nächsten Event.

Unser erster großer Swingerurlaub
(Vita gibt einen kurzen Einblick)

Einige Jahre nachdem wir schon einige Clubs in Österreich und Deutschland kennengelernt haben stöberte mein Mann natürlich auch immer wieder nach etwas Neuem. Wir haben in den Jahren Bekannte, Kunden, Vorgesetzte und ja sogar Nachbarn in dieser Szene entdeckt und sehr viele neue Freunde gefunden. Ein mittlerweile sehr gut befreundetes Paar – sie heißt Lara und er Klaus - haben, wie wir auch Kinder und wir haben öfter schon darüber geredet irgendwann mal einen größeren Swingerurlaub zu machen und uns einfach beim Fortgehen abzuwechseln. Gesagt getan, aber wohin soll die Reise gehen? Nach einigen Recherchen kam nur ein Resort in Frage und das ist in Südfrankreich Cap d'Adge. Beide Familien haben ein Wohnmobil somit war klar wir werden den dort angeschlossenen Campingplatz Rene Oltra buchen. Eine Anreise von 3 Tagen ist sehr gemütlich und macht keinen Stress. Im Endeffekt kamen zur Planung dann noch weitere Bekannte dazu und im zur Reise waren wir ein Konvoi von vier Fahrzeugen die in das lustvolle Cap fuhren. Die beiden anderen hatten keine Kinder, deswegen ging es bei denen bezüglich Fortgehen um vieles leichter, aber wir ließen es auf uns zu kommen. Ganz nach dem Motto „wird schon klappen".

Nachdem wir angekommen sind, bezogen wir unseren Platz. Wir haben uns natürlich zwei Plätze nebeneinander ausgesucht, damit es am Abend leichter fällt gegenseitig auf die Kids aufzupassen. Am ersten Tag angekommen, ging es nach dem Aufbau natürlich sofort an den Strand. Natürlich haben wir uns vorher informiert wo was passiert, wo man hingehen kann und wo nicht. Und es war echt sehr hilfreich. Es gibt dort einen sehr familiären Bereich wo viele Eltern mit deren Kinder am Strand liegt. Daneben ist dann eine große Bar und ein großer abgesperrter Bereich und erst dahinter kommt man an den Erwachsenenstrand. Es ist sehr gut getrennt vom Familienstrand, was absolute Priorität hatte. Wir wollten alle kein Risiko eingehen. „Family first." Den getrennten Bereich mussten wir natürlich besuchen und schon merkten wir, dass es eine gute Entscheidung war mit zwei Familien in das Resort zu fahren. Die Kinder unterhielten sich gegenseitig, und Lara und ihr Mann gaben auf die Kinder acht und wir sind mal losgezogen um das Tagesgeschehen am Strand zu beschnuppern.

Nach einigen Minuten hinter der Bar bemerkten wir schon, da geht was. Direkt am Strand sind die Hände dort wo man sie normalerweise nur im Swingerclub auf der Spielwiese wiederfindet. Die Münder sind oft gestopft und die Zungen machten Akrobatik, und alles direkt am Strand. Das ist Freiheit dachten wir, aber es war ja erst der erste Tag und es ist nicht einmal Abend. Da sind wir mal gespannt wie das noch alles werden wird.

An den ersten Abenden ging es uns so, dass wir oft zu früh fortgegangen sind. Um 21:00 ist oft noch tote Hose und nirgends viel los. So ab 23:00 fängt es dann an Spaß zu machen und die Gäste kamen mit ihrem Styling heraus aus ihren Behausungen, um Party zu machen. Man schlenderte gleich im Outfit direkt ins Zentrum. Das lästige Umziehen fällt komplett weg und das ist schon mal richtig cool. Zwei Discotheken sind uns ins Auge gestochen um zu Beginn etwas zu tanzen. Das Melrose und das Eros, jede Disco hatte ihrem Stil und ihr Publikum. Uns hat das Melrose deutlich besser gefallen, aber das ist Geschmacksache. Im Melrose ist das Flair unserer Meinung nach einfach sexier. Weibliche Gäste tanzten mit ihren freizügigen Outfits an den Stangen welche quer durch das Lokal verteilt im Raum standen. Völlig egal und voll bewusst, dass man ihnen komplette unter ihr Dress sehen konnte. Nicht genug nein manche tanzten bewusst mit gespreizten Beinen und zeigten alles was sie nicht angezogen hatten. Richtig verführerisch und die Blicke wurden automatisch von Mann und Frau zu ihnen gezogen. Nach einigen Tänzen und gingen wir auf einen Drink an die Bar um uns etwas abzukühlen. Nicht nur die Stimmung war sehr heiß im Melrose auch die Temperatur. Die Bar befand sich im Zentrum der Anlage wo man einen guten Blick auf die Leute hatte, die herumflanierten. Es war sehr nett und entspannt anzusehen und keineswegs kalt im August, eher sogar noch sehr warm und das um Mitternacht.

Nach dem ersten Abend haben wir aber eines sofort gemerkt, Gott sei Dank haben wir drei Wochen für den Urlaub geplant, sonst würden wir nie und nimmer alles sehen was es hier an Events und Locations gibt. Und im Endeffekt war es auch so, dass wir zuhause merkten, dass wir gar nicht überall gewesen sind. Cap d'Adge ist definitiv ein Zentrum der Lust in Europa, wenn nicht sogar der Welt. Es ist multikulturell und wir lernten sogar Leute von Australien kennen die jedes Jahr wieder hierher reisten um Party zu machen und ja auch Urlaub.

Mitternacht – pünktlich auf die Minute
(Vita erzählt)

Es war eine lange arbeitsreiche Woche und zudem noch verregnet. Also eigentlich alles andere als was man sich wünscht. Ich und mein Mann hatten in den letzten Tagen immer wieder über ein Forum Kontakt zu einem Paar. Sie hießen Marion und Christian. Marion und Christian haben wir bereits auf einer Party in Freilassing kennengelernt. Als wir uns dann entschieden haben einen Tag in einer Therme zu verbringen und dies dann als Date in einem Forum gepostet haben wurden wir gleich vom Marion und Christian angeschrieben.

Wir hatten die beiden noch als sehr positives lustiges Pärchen in Erinnerung und als Sie uns vorgeschlagen haben, dass sie Lust hätten uns zu begleiten stimmten wir ohne lang zu überlegen zu. Marion ist so wie mein Mann, immer neugierig was passieren könnte und immer auf der Suche. Die beiden passen gut zusammen. Und ich dachte mir, das könnte interessant werden. Als wir an der Kasse angestanden sind, wurden wir dann gleich lustig überrascht. Marion kam alleine rein ohne Christian und sie meinte nur, er findet keinen Parkplatz, aber Bono soll zur Not aushelfen. Der Satz hat sofort die Stimmung gehoben und wir mussten alle herzlich lachen. Ach ja, alle außer Christian, der war noch beim Einparken.

In der Therme genossen wir den Tag, relaxen saunieren. Ich bemerkte, dass Marion im Becken sich auch meinem Mann näherte und ihn immer wieder mal neckisch berührte. Das heizte ihn ganz schön an und er wurde, wie sagt man so schön „einfach wuschig". Ich kenne meinen Mann und am liebsten würde er Marion sofort vernaschen. Zuerst mit der Zunge verwöhnen bis sie nicht mehr kann und dann am liebsten noch sehr lange weiter mit ihr spielen. Aber das ist ja in der Therme nicht erlaubt und so blieb er einfach bis zum Abend unter Strom. Als wir dann alle gemeinsam als letzter die Therme verlassen, stand zur Frage: „Was machen wir mit diesem angebrochenen Abend?". Nun da ich es einfach mag, wenn sich mein Mann wohl fühlt – wer mag das nicht von seinem Partner - und schon wieder eine dicke Beule in der Hose hatte, hab ich vorgeschlagen, dass wir das neue Erotikkino in Salzburg testen könnten. Die haben mittlerweile auch einen Empfangsbereich mit einer kleinen Bar. Der Vorschlag wurde sofort angenommen. Vor allem von Marion und ihrem Mann. Ich dachte mir schon, das könnte spannend werden. Beide irgendwie gierig, aber doch schüchtern und zurückhaltend.

Wir kamen im Kino an und wurden sofort herzlich vom Betreiber empfangen. An der Bar bestellten wir uns einige Drinks und wir fragten den Betreiber, warum heute den so wenig los ist. Das hat uns sichtlich gewundert und überrascht. Er meinte heute ist Freitag und wir schließen um Mitternacht. Da haben wir uns wohl ein bisschen in der Zeit vertan. Es war schon nach 23 Uhr. Und ganz ehrlich, Stress und Druck sind nicht förderlich und sinnlich schon gar nicht.

Als wir noch so zögerten, ob wir die restlichen paar Minuten noch ins Kino gehen sollten, nahm Bono die Zügel in die Hand und wir bezahlten nur ein Ticket für uns alle vier.

Jetzt gab es auch keine Ausrede mehr, dass wir die inneren Kinoräume nicht besichtigen. Er hat einfach Marion und Christian eingeladen und so konnten sie nicht nein sagen. Ein kleiner Fuchs ist mein Mann schon, immer einen kleinen Hintergedanken dachte ich mir.

Wir gingen also rein und schlenderten so durch die Räume auf der Suche nach einem Platz. Aber vielleicht kennt ihr das auch, wenn man etwas Neues sieht dann vergeht die Zeit und so beim Durchschlendern und betrachten der Räume und Sitzgelegenheiten vergeht dann die Zeit schneller als man will. Im letzten Raum nahmen wir Platz und ich dachte mir nur. So jetzt sind Marion und mein Mann den ganzen Tag in der Therme wuschig und nun ist jeder scheu. Dazu kommt es ist mittlerweile schon spät geworden. Ich fackelte nicht lange und sagte einfach in die Runde. So jetzt müssen wir dann Gas geben denn mittlerweile ist es viertel vor zwölf. Wir spielen jetzt, wer als erster kommt hat gewonnen. Dann könnt ihr gut schlafen.

Ich fing gleich damit an das beste Stück von Bono auszupacken. Er sprang schon richtig heraus. Ich merkte sofort er ist überfällig so wie jeden Tag. Mit meinem Mund verwöhnte ich seine Eichel während ich gleichzeitig mit den Händen seine Eier kraulte. Er blickte nach links zu Marion und Christian wo sie mittlerweile auch begonnen hat ihn zu verwöhnen. Unseren Männern gefiel dies natürlich. Welchem Mann gefällt das nicht. Ich wurde intensiver und nahm seinen Stab schön ihn den Mund und blies ihn. Dabei merkte ich eine weitere Hand, es ist die von Marion, die auch was von meinem Mann haben wollte. Natürlich kann sie alles bekommen was Sie von meinem Mann will. Er war so hart und ich merkte, dass ihm die fremde Berührung sehr gefiel und er noch härter wurde. Marion und ich verwöhnten sein bestes Stück. Wir leckten seine Eier, stecken uns seinen Schwanz in den Mund so tief wir nur konnten und kneiften ihn an seinen Brustwarzen. Er wurde immer geiler und geiler.

Dann packte ich noch meine Geheimwaffe aus. Ich musste es tun, denn als ich einen kurzen Blick auf die Uhr erhaschte sah ich es war nur ein paar Minuten vor zwölf und um Mitternacht ist hier Schluss. Und das Kino sperrt zu. Also raus mit der Geheimwaffe und rauf auf seinen Körper. Ich legte eine meiner Hand mit gespreizten Fingern hinter seinen Po. Ich und Christina vernaschten seinen Penis während dessen weiter. Es war schon alles so schön feucht und nass. Genau der richtige Zeitpunkt. Ich sagte ein paar Mal: „komm jetzt, gibs mir". Ich befahls ihm richtig während ich mich mit meinen Fingernägeln in seine Po kratzte. Eine Muskelspannung und Streckung vereinten sich mit einem Geschoss an Sperma was bis zu seinem Hals hochjagte. Es war ein geiler Anblick meinen Mann so zu sehen. Und es war Punktlandung. Es war Mitternacht – pünktlich auf die Minute.

Tantra eine großartige Erfahrung
(Bono erzählt)

Es war ein schöner heißer Sommer in Österreich und wir wollten die Sonnenstrahlen noch etwas hinauszögern. Somit nahm ich meinen Laptop zur Hand und startete Google, um ein Resort oder Urlaubsort zu finden der für mich und meine Frau passend ist. Ein Mix aus Schönheit und Freiheit. Nach einigen Recherchen im Web und in diversen Foren wurde ich fündig. Gran Canaria, ja das wird es werden. Die Anreise ist sogar preiswert und von den unterschiedlichsten Möglichkeiten geprägt. Unter Tags beeindruckt die Landschaft und abends gibt es mehr als genug Partylocations. Zudem gibt es im Jahr nur einige wenige Regentage, also die perfekte Location um den Sommer zu verlängern.

Ich ging zum Reisebüro und wir buchten unsere Reise Anfang November. Was wir zu dem Zeitpunkt noch nicht wussten, ist dass der Faschingsanfang, der 11. November dort richtig heftig gefeiert wird. Es ist fast unvorstellbar wie. Wir waren in einem Hotel beim Yumbo Center eingebucht. Das ist in unmittelbarer Nähe eines Einkaufszentrums mit Bars die bei Männern, Transvestiten und Transsexuellen sehr beliebt sind. Doch am 11. November, als wir am Abend dann wieder losziehen wollten kamen wir nicht recht weit. Wir sind als Paar im Yumbo Center hängengeblieben. Der Glamour und die Verkleidungen, die die Männer dort angelegt hatten war so extrem beeindruckend, dass wir aus dem Staunen nicht mehr heraus gekommen sind. Bei sehr vielen Menschen konnten wir nicht einmal einschätzen, ob dies ein Mann oder eine Frau war. Es war durch sein Aussehen sichtlich unmöglich, so perfekt waren manche gestyled. Meine Frau nahm mich immer fester und fester in den Arm und ich dachte mir, Schatz was ist los? Sie meinte nur, es ist total komisch, alle Männer schauen dir hinterher und nicht mir. Komisch aber schön das Gefühl, aber sie hält mich lieber etwas fester, nicht dass ich ihr verloren gehe. Also als Tipp, Gran Canaria um den 11. November. Ein Muss.

Ich wollte in unserem Urlaub etwas besonders für uns erleben und so kam mir die Idee. Probieren wir eine Paar Tantra Massage. Das dies nicht billig werden wird war mir klar, aber es soll etwas Besonders sein. Ich entdeckte in einer Anzeige dann die Möglichkeit. In ganz Gran Canaria gab es nur eine einzige Möglichkeit und ich rief dort an. Ein netter Herr gab mir die Adresse und nannte mir den Preis. Er sagte noch wir sollen uns 5 Stunden Zeit nehmen und ich dachte noch: „Fünf Stunden? Wofür?", aber ich ließ mich überraschen.

Wir machten den Termin am frühen Nachmittag und ließen uns mit dem Taxi hinbringen. Als wir ankamen öffneten uns eine junge zierliche Dame und ein muskulöser Mann die Tür. Beide waren sehr attraktiv und baten uns an einen Tisch und erklärten uns das Tantra Ritual.

Als wir zur Ruhe gekommen sind trennten sie uns zur Vorbereitung in eigene Zimmer. Die Zimmer hatten eine sehr angenehme Temperatur. Gerade so warm, dass es nicht heiß war. Ein sinnlicher Geruch von Räucherstäbchen wehte im Raum und betörte leicht die Sinne. Angekommen im Raum wurden wir noch gebeten Duschen zu gehen. Und bereits beim Duschen begann das Ritual. Nicht dass wir alleine gingen, nein unsere Tantra Behandler gingen mit uns in die Dusche und reinigten uns mit langsamen Berührungen. Bereits bei dieser Dusche kam man immer mehr zur Ruhe. Ihr denkt jetzt sicher, „beim Duschen mit einer sexy Lady zur Ruhe kommen?" Mir als Mann ist dies im Nachhinein auch nicht verständlich, aber sie machte das auf eine Art, dass man einfach runter kommt vom Alltag. Nach der Reinigung wurden wir in einem leichten

Seidentuch gekleidet und haben uns in unseren getrennten Zimmern mit den Behandlern auf eine große Matratze am Boden gesetzt. Bei der Erklärung zu Beginn, wurden wir noch gefragt ob wir bereit sind, das gesamte Ritual zu machen, was wir bejaten, aber was jetzt kam, damit haben wir nicht gerechnet.

Es begann damit dass wir unsere Therapeuten angeschrien haben, so laut es geht. Auf Polster geschlagen haben mit aller Kraft. Laut und immer Lauter haben wir uns gegenseitig aus dem anderen Zimmer hören können und ich wusste meine Frau macht da auch voll mit. Nach einiger Zeit- leicht erschöpft – wurde wir wieder zur Ruhe gebracht und meine Frau kam zu mir mit Ihrem Therapeuten ins Zimmer.

Wir haben uns auf die Matratze gesetzt und mit einem ruhigen besinnlichen „Namaste" begann der zweite Teil des Rituals. Wie soll ich das nun beschreiben. Es waren so viele sinnliche Berührungen. Es war ein kompletter Shut Down und Cool Down mein mir selbst ich wurde so ruhig und gelassen und voller Vertrauen an meine Therapeutin, dass ich mich seit langem wieder einmal kompletten fallen lassen konnte. Zu Beginn legte ich mich einmal nach Ihrer Berührung zu Ihr zurück und lehnte mich an Sie an. Ihr Hände umschlossen mich von hinten und hielten meinen Torso. Manchmal ein leichter Druck in Kombination mit meiner Atmung und dann wieder sanft um Loszulassen. Ein irres Gefühl. Sie verschaffte mir ein Gefühl von Geborgenheit, Wärme, Vertrauen. Ein sehr ruhiges Atmen und eine Entspannung sondergleichen und noch nie erlebt machte sich in mir breit. Nach diesem Teil wurden wir auf den Bauch gelegt und die Tantramassage ging weiter. Die Tücher wurden mehrmals über unseren Körper gestreift was ein sehr schönes Kribbeln verursachte. Die Massage war sanft mit einem kleinen Hauch von Druck. Gerade so viel, dass es sich wie eine Gesamtheit an Berührung anfühlte. Nach einiger Zeit wurde mir und meiner Frau ins Ohr geflüstert uns umzudrehen. Ein schöner Weg um uns das mittzuteilen. Wir befolgten die Anweisung. Mir selber war es zu diesem Zeitpunkt etwas peinlich, da ich bereits durch die Streichungen sehr erregt war. Aber die Therapeutin reagierte nicht darauf und setzte Ihre Massage fort. Viele zärtliche Bewegungen mit dem ganzen Körper und viel wärmenden Öl brachte mich und meine Frau deutlich zur Extase es fühlte sich so gut an, einfach unbeschreiblich.

Mit sanften Streichungen wurden unsere Beine dann angewinkelt und ich wusste, jetzt beginnt die Yoni und Lingam Massage. Ich bin ganz ehrlich. Es fällt mir schwer hier die ganzen Eindrücke zu Wort zu bringen und zu sagen. Ich habe keine Ahnung was die Therapeutin hier mit mir gemacht hat. Sie berührte meine Eichel, meinen Penis und meine Eier auf eine Art die ich nie wieder erleben konnte. Es war so extrem erregend, dass ich das Gefühl hatte jedem Augenblick zu explodieren. Es kam Energie in mir hoch wie wenn die Sonne in mir strahlt und mich von innen heraus ausleuchtet. Ich fühlte die Freiheit in mir und es gab in diesen Momenten nur mich auf der Welt. Ich fliege über alles und hob ab in den Himmel und gleichzeitig war ich so entspannt, das ich wie gelähmt war und mich nicht bewegen wollte und auch nicht konnte. Es ist wie wenn Du mit deinem Düsenjet über den Horizont hinwegfliegst und dich dem Überschallknall näherst. Aber als ich zu explodieren drohte brachte mich meine Therapeutin mich wieder runter. Und entspannte mich mit Atem- und Berührungstechniken, dass ich mich wieder auf den Boden begab. Das Ganze schaffte sie mehrmals hintereinander und ich wusste gar nicht, dass ich über mehrere Stunden durchgehend so standhaft sein kann. Immer wieder und wieder. Der Gedanke an einem Orgasmus kam mir gar nicht und war mir ehrlich gesagt total egal. Das Ganze Ritual war derartig befreiend, befreiend an nichts zu denken und einfach da zu sein und alles geschehen zu lassen. Der herkömmliche Orgasmus hat einem anderen Orgasmus Platz gemacht und war ist eine neue Art von Orgasmus, die ich bis dato nicht kannte. Ein Orgasmus im Kopf, befreiender als je ein anderer es sein kann. Es löste Emotionen die alles herausbrachten was immer in mir steckte. Loslassen – frei sein – da sein.

Ein Erlebnis was ich immer wieder wiederholen würde und meine Frau auch.

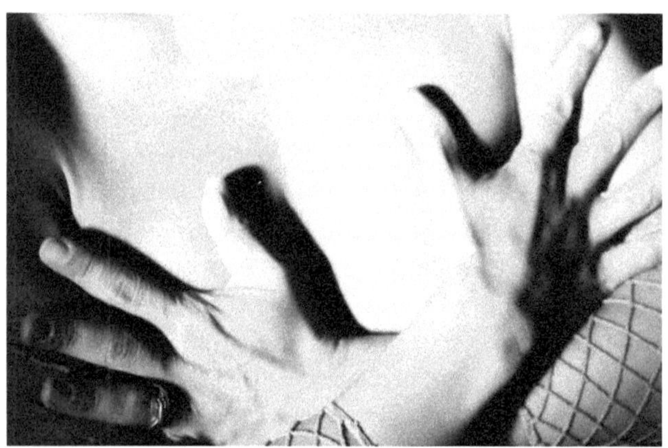

TOLERANZ, LIEBE, EHRLICHKEIT UND AUSSRPACHE

Toleranz

Heutzutage werden diese Begriffe sehr of unterschätzt und es wird ihnen viel zu wenig Beachtung geschenkt. Toleranz beginnt schon bei den Vorurteilen, die viele Menschen anderen Dingen gegenüber haben. Jeder Mensch Ist ja Gott sei Dank anders und in sich ein Individuum und einzigartig. Genauso wie jeder Mensch seinen eigenen Hobbys hat so hat auch jeder Mensch seine Eigenheiten wie er seine Bedürfnisse auslebt. Manche haben einen Fetisch der für andere wiederum überhaupt nicht vorstellbar beziehungsweise nicht einmal verständlich ist. Viel wichtiger ist gerade heutzutage die Toleranz, dass wir jeden Menschen und seine Art tolerieren. Der Begriff Toleranz kommt ja auch von Duldsamkeit und somit sollten wir alle so Erwachsensein, dass wir Dinge dulden.

Was hat das jetzt mit diesem Buch zu tun? Es ist relativ einfach und doch kompliziert. Toleranz ist auch in der Partnerschaft ein sehr wichtiger Aspekt und funktioniert hier auch nur wenn man ehrlich zueinander ist.

Toleranz mit Ehrlichkeit

Wo oben gesagt soll man tolerant sein und im Zeitraum seines Lebens ändert sich auch der Mensch und nicht zu selten auch manchmal seine Bedürfnisse. Ein häufiges Problem in einer Partnerschaft ist hier die Ehrlichkeit. Bevor man aber zu seinem Partner ehrlich ist, muss man sich selbst bewusst machen dass man auch ehrlich zu sich selber ist. Ehrlich zu dem was man versuchen und ausprobieren will - ehrlich zu seinen Wünschen. Steht einfach dazu, wo ist das Problem? Ja, die Toleranz. Da ist sie wieder, die Toleranz. Eventuell versteht der Partner die Gedanken nicht und würde sie wollen. Das ist natürlich ein guter Nährstoff für heftige Diskussionen, wenn man es zulässt. Aber lasst hier einen Vergleich zu. Seht euch selbst wie eine Pflanze die auf guten Boden gedeiht. Jetzt habt ihr irgendwelche neuen Wünsche und Begierden, die ihr gerne mal versuchen wollt. Jetzt kann euer Partner entweder mit euch heftig diskutieren und es komplett ablehnen und euch das Wasser zum Boden entziehen, oder er gießt Ertrags Wasser in die Erde dass ihr an euren Vorstellungen wachsen könnt. Seht das Wasser als fruchtbares Gespräch. Redet über eure Vorstellungen ehrlich miteinander und sucht gemeinsam eine Möglichkeit, damit ihr die Vorstellung umsetzen könnt. Gemeinsam oder ihr lasst es euren Partner zu alleine zu testen. Er wird euch sicher davon erzählen, wie es war. Wichtig ist es hier einfach ehrlich zueinander zu sein. Sagt euch alles und reift daran. Eventuell hat euer Partner sogar ähnliche Gedanken? Wäre ja möglich, oder? Wenn euer Wunsch dann in Erfüllung gegangen ist, dann erzählt euch doch davon beziehungsweise redet darüber, wie es euch gefallen hat. Hat es gepasst so wie es war? War es so wie ihr euch vorgestellt habt? Wollt ihr es noch einmal versuchen, oder war es ein Reinfall und ein Versuch reicht. Ihr werdet eure Partnerschaft damit stärken. Ihr werdet erfahrener dadurch und wisst ein Stückchen mehr von euch oder auch eurem Partner wenn ihr es ehrlich miteinander durchlebt.

Liebe

Liebe. Was für ein wertvolles Wort. Was ist Liebe eigentlich? Wikipedia meint es ist ein Begriff von stärkster Zuneigung und Wertschätzung. Ich gehe hiernach weiter und denke es fehlt hier absolut noch der Begriff von Vertrauen. Wo soll eine Wertschätzung vorhanden sein, wenn man seinem Partner nicht vertraut? Ein wesentlicher Punkt in der Liebe. Alle Begriffe, die ich vorher kurz beschriebe Toleranz und Ehrlichkeit sind sowieso Voraussetzung für Vertrauen und Liebe. Man kann niemanden vertrauen, der zu viele Geheimnisse vor einem hat. Ich meine jetzt nicht, dass man sich alles erzählen soll. Aber es erleichtert ungemein mit einem Partner und Freund über Dinge zu reden die einen beschäftigen. Sogar wenn das Thema sehr heikel ist und vielleicht sogar schwierig darüber zu reden erlangt ihr damit Achtsamkeit, dass ihr die Stärke habt Dinge anzusprechen die euch eventuell peinlich sind.

Aussprache

In einer Partnerschaft braucht aber nichts peinlich zu sein, wenn man sich liebt und diese Liebe auch ehrlich ist. Gedanken und Wünsche kann man nicht steuern davon bin ich überzeugt und wahre Liebe ist auch seinem Partner seine Wünsche einzugestehen. Es gibt immer wieder schwierige Situationen, das hat jeder schon erlebt. Manche gehen sogar soweit, dass man sich anschreit und mit Trennung beginnt zu drohen. Anschreien? Drohen? Man muss sich nicht drohen und laut werden schon gar nicht. Wie könnt ihr eure Liebe und euren Respekt eher stärken falls es mal zu einer schwierigen Situation kommt ohne ein einzelner zu explodieren droht? Ich schweife hier etwas aus, auch wenn es nicht direkt mit der Liebe zu tun hat sondern eher mit dem Respekt jemand anderen gegenüber so ist der Respekt auch ein Teil der zur Liebe gehört.

Stellt euch mal Zustände vor, den sogenannten „Ich Zuständen. Es können in jedem Gespräch drei Arten davon auftauchen. Das „Eltern Ich", dass den anderen Gesprächspartner bevormundet, sagt was er. Zu tun hat, was schlecht ist, was gut ist und gar nicht auf die eigentliche Bedürfnisse des anderen eingeht. Im „Eltern ich" wird man auch gerne mal laut und eventuell beleidigend. Das „Erwachsenen Ich", dass seinem gegenüber respektvoll und mit Anstand gegenübertritt. Der Erwachsene hört zu und analysiert, er versucht Gemeinsamkeiten Lösung zu finden ruhig und fair. So dass es für beide gut passt. Und dann gibt es noch das „Kind Ich". Das Kind Ich fühlt manchmal gekränkt und nicht verstanden. Oft reagiert es trotzig und ohne Sinn genervt. Noch öfter ist die Reaktion von Uneinsichtigkeit. Alle drei Ich Zustände kommen gerne in einem Gespräch vor und prägen den Verlauf wie ein Gespräch läuft. Analysen zufolge sind die besten Gespräche wenn sich beide in dem „Erwachsenen Ich" Zustand befinden. Man redet ohne Bevormundung ohne Belehrung miteinander. Man hört einander zu und beerdete wie man mit einer Sache zum Beispiel einem Wunsch und einer Vorstellung umgeht. Thema

Ehrlichkeit, Liebe und Vertrauen. Stellt euch mal vor, ein Mann redet mit seiner Frau. Er befindet sich im „Eltern Ich" und sie im „Kind Ich". Er wirkt nach einigen Momenten bei der Frau dann wie für sie wie der Vater oder „obergscheite Chef" etc. Und ganz ehrlich man will sich seinen Partner nichts vorstellen.

Was tun also, wenn ein Partner während des Gesprächs zum „Eltern Ich" mutiert? Ganz einfach, bleibt Sellerie „Erwachsenen Ich". Nach einigen Momenten ist die Wahrscheinlichkeit sehr groß, dass ihr beide euch wieder auf einer Ebene unterhalten könnt. Ihr fühlt euch verstanden und hört einander wieder zu. Und vermutlich versteht ihr euch auch, eben weil ihr zuhört und dann vielleicht auch die Hintergründe versteht.

Da ich jetzt abgeschweift bin zurück zur Liebe. Warum bin ich abgeschweift? Ich sehe es absolut wichtig, dass ein respektvoller Umgang notwendig eher nicht unverzichtbar in der Liebe ist und das beginnt nicht im Bett sondern bereits im Alltag bei Gesprächen und dem Leben. Natürlich auch im Bett. Wenn ihr das obige etwas hinterfragt, dann bemerkt ihr, dass man die drei „Ich Zustände" immer wieder beobachten kann. Beinahe in jeder Lebenssituation: im Job, in der Familie, beim Fortgehen, in der Partnerschaft und ja man kann das sogar im Bett auf indirekter Weise bemerken.

FREIES LEBEN UND OFFENE BEZIEHUNG

Nach einigen Partnerschaften und der jetzigen Situation lasst mich eine kleine Geschichte erzählen. Meine Geschichte, wie ich meine Partnerin Laura kennenlernte. Ich war bereits 10 Jahre verheiratet und meine damalige Beziehung war abgeschlossen. Nach drei Trennung und meinem Auszug war mein erster Gedanke was nun? Es war die Zeit als Facbook begann immer populärer im deutschsprachigen Raum zu werden und ich meldete mich dort an. Gleich zu Beginn poppten gleich einige Anzeigen auf. Facebook lebt ja auch von Werbung und so war auch eine Anzeige von einer kostenlosen Partnervermittlung dabei. Da mir damals eher langweilig war, habe ich's einfach versucht und es hat nicht lange gedauert da hatte ich bereits drei Dates an aneinander folgenden Wochenenden. In Salzburg war das erste, dann Niederösterreich und darauf dann Steiermark. Alles süße Mädels laut Anzeige zumindest. Mir war eines klar, ich hatte schon eine Ehe hinter mir und war da teilweise nicht ehrlich,

ich erzählte nichts von meinen Wünschen und Träumen und lebte und funktionierte zuletzt einfach nur. Wirklich Leben war es zum Schluss eigentlich nicht mehr. Genau das will ich nicht mehr, ich versprach mir selber, dass ab dem ersten Date sofort die Wahrheit sagte und sich das auch nie ändern wird. Was hatte ich schon zu verlieren, außer dass ich zum nächsten Date nach Niederösterreich fahren würde.

Gedacht getan und beim ersten Date mit Laura erzählte ich ihr alles. Zu meiner Überraschung war sie zwar etwas geschockt aber sie lief nicht davon. Mein Beweis dafür, dass Ehrlichkeit das wichtigste ist wenn man offen miteinander umgehen will. Mittlerweile sind nochmals 10 Jahre vergangen und wir sind immer noch ein glückliches Paar. Nein eher noch glücklicher als zu Beginn. Was hat uns geprägt und warum erlaube ich mir hier meine Meinung zu schreiben? Weil ich glaube und überzeugt bin, dass es so funktionieren kann zumindest bei vielen. Ein Beweis ist eben die Ehrlichkeit zueinander. Freiheit braucht jeder Mensch, wie fühlt sich eine Löwin, die eingesperrt ist oder wie fühlt sich ein Mensch der es Close und kontrolliert braucht und das Gegenteil bekommt. Beide fühlen sich nicht wohl in ihrer Haut und werden ihrer „Freiheit" egal wie jeder diese benötigt beraubt und nicht geachtet. Umso wichtiger ist, dass ihr euren Begriff der Freiheit eurem Partner verrät und das sobald ihr euch selbst sicher seid was der Begriff für euch bedeutet. Sicher ist dies auch manchmal ein Prozess die richtige Mischung zu finden. Aber glaubt mir gemeinsam ist dies viel leichter. Eine offene Beziehung funktioniert nur wenn es für beide offen ist. Eine einseitige, wie sie leider häufig von Männern betrieben wird (So zumindest unserer Erfahrung in den Swingerclubs), funktioniert nur aus Sicht des Mannes solang die Frau nichts davon weiß. Sicher gibt es auch die umgekehrte Situation aber zumindest in den Clubs eher nicht. Wenn ihr euch entschieden habt, es offener anzugehen und freier zu werden solltet ihr euch auch sicher sein damit. Eifersuchtstragödien mag hier keiner und führen leider auch zu Streit und unnötigen Diskussionen. Bei der Findung wie weit ihr eine offene Beziehung leben wollt kann es natürlich zu Missverständnissen kommen. Hier ein Tipp von mir bzw. eigentlich von uns kümmert euch um Eure Beziehung. Erlegt euch nicht zu viele Regeln auf. Das blockiert euch beim Kennenlernen eurer Freiheiten. Zu viele Regeln verderben die Lust. Ein paar kurze klar definierte reichen vollkommen aus. Manche Paare verbieten den Geschlechtsverkehr mit anderen erlauben aber das Küsssen mit anderen. Für andere wiederum ist küssen viel intimer als der Akt selber. Manche erlauben alles, ja sogar in getrennten Räumen und komplett unabhängig voneinander auch andere zu besuchen um Spaß zu haben. Jeder ist anders nur solltet ihr euch das vorher ausmachen. Wenn die Zeit reif ist kann man diese ja immer wieder anpassen. Es ist eben ein Prozess und Kennenlernen, wenn ihr es nicht schon tut. Wichtig ist die Ehrlichkeit zueinander. Wenn ihr es hier vereinbart habt, dass ihr bezüglich eurer offenen Beziehung keine Geheimnisse habt, dann seid so fair und erzählt dies auch eurem Partner. Auch wenn es nur Chats und Unterhaltungen sind. Was ist schon dabei, wenn man attraktiv gefunden wird und sei es nur von Textteilen und eventuelle Bildern die verschickt wurden. Es gibt hier viel Stoff und Geschichten die erlebt werden und auch wieder zu Gesprächen führen. Lasst die Gespräche aber nicht zu Diskussionen werden. Erzählt sofort darüber, dann muss man nicht erst zu diskutieren beginnen. So schafft ihr eine gute Basis um euch gegenseitig zu vertrauen, eure Liebe noch mehr zu verstärken und es wird einfach nie notwendig sein irgendwelche Geheimnisse vor dem Partner zu haben.

ENDLICH LEBEN

„Endlich haben wir diesen Sprung geschafft, das Vertrauen aufgebaut und uns unsere Freiheit zu lassen und es zu genießen selbst eine zu haben." Nun ist es wichtig das aufgebaute nicht zu zerstören und ihr könnt endlich leben. Leben so wie es sich viele wahrscheinlich wünschen würden. Euer Herz gehört nur euch allein, aber ihr seid bereit es zu teilen und die eine Person – evtl. auch mehrere in polyamoren Beziehungen – hineinzulassen. Diese Personen eure Partner haben einen fixen Platz darin. Alle anderen die sind nur Gast. Sie sind willkommen, aber müssen auch wieder mal gehen. Und Gäste sind ja wie bei Partys auch immer willkommen, man sucht sich diese ja auch aus wer kommen darf und wer nicht. Gäste bringen gerne was mit. Im freien Leben ist das Charme, Sympathie, Ausstrahlung, Sexyness, Dominanz und so weiter. Ihr empfängt diese Gäste und genießt mit eurem Partner oder alleine diese Zeit. Wirklich schön kann es sein, danach mit dem Partner das erlebte nochmals zu bereden und in Gedanken nochmals vor den Augen zu haben, was hat Euch gefallen und was nicht. Wenn alles gut funktioniert hat, wofür es leider nie eine Garantie geben wird, dann kontaktiert man den Gast auch von sich aus gerne mal wieder. Warum nicht? Wir leben nicht mehr im 19. Jahrhundert. Somit kann auch eine Frau mal jemanden anschreiben und Kontakt aufnehmen. Zugegebener Weise gefällt dies auch manchen Männern, wenn die Frau mal die Hügel in der Hand hat.

Freies Leben heißt doch auch, sich für nichts schämen zu müssen. Bedenkt einmal, wenn ihr jemanden in einer Swingerszene auf einer Party oder so trifft, wem wird es peinlich sein? Euch wo ihr mit eurem Partner im Klaren seid und alles abgesprochen ist oder dem anderen, der eventuell alleine ohne Wissen seines Partners auf der Party ist. Warum also nicht die Offensive ergreifen und ein kurzes zum Beispiel „Hallo Nachbar" zu ihm rüberwerfend. Spätestens dann merkt ihr ob es ihm peinlich ist.

Ich will euch zum Abschluss noch ein Erlebnis eines Paares erzählen.

Der Nachbar

Die Geschichte handelt von einem Paar welches regelmäßig nach einem Kinobesuch eine Erotik-Kontakt-Bar Salzburg besuchten. Die beiden nannten sich Jack und Jill. Die Bar war der perfekte Ort um einen Drink zum Abschluss eines schönen Abends wie eben zum Beispiel nach einem Kinobesuch oder einem netten gemeinsamen Abendessen ausklingen zu lassen. An einem Abend es war so circa 23 Uhr gingen Jack und Jill wieder in die Bar und wurden herzlich von der Chefin empfangen. Sie waren Stammkunden dort und schon bekannt. Natürlich waren sie sehr attraktiv gekleidet, was sich aber von selbst versteht. Gleich nach dem Eintreten trafen sie einige

Bekannte. Es kamen immer wieder Freunde in die Bar. Es war der ultimative Treffpunkt auf einen schnellen Drink, um Gleichgesinnte zu treffen. Da sah Jack am Ende der Bar einen Mann, der sich bewusst umgedreht hatte. Es hat Jack aber nicht wirklich interessiert. Eigenartiger Weise war der Mann nach kurzer Zeit verschwunden. Ja er hat sich redlich aus dem Staub gemacht. Als Jill ihm dann sagte, sie glaubt das war der Nachbar glaubt Jack es nicht wirklich. Erst nachdem eine sehr ähnliche Situation einige Male hintereinander passierte war es klar, dass hier was faul ist. Jack beschloss, dass er das aufklären will und endlich wissen will, wer dieser Mann nun ist.

Ein andermal als die beiden wieder in die Bar nach einem Abendessen gingen. Jill war sehr sexy angezogen mit einem sehr kurzen Cocktailkleid und Jack mit schwarzer Hose und weißem Hemd. Beide absolute Hingucker. Angekommen in der Bar hat Jack mal reingesehen, ob dieser Mann auch wieder da ist bevor sie ihre Freunde und Bekannten begrüßt haben. Und siehe da, er stand wieder an seinem Platz am endet der Bar. Diesmal war er eindeutig zu erkennen. Es war der Nachbar. Kurz entschlossen und gleich umgesetzt mit einem lauten „Hallo" in die Runde und zugleich darauf folgte noch ein extra „Hallo Rainer" zum Nachbarn. Da konnte er nicht mehr aus und grüßte zurück. Sie haben den Nachbarn nicht angesprochen auf die letzten Male. Er wird seine Gründe gehabt haben. Das wurde von beiden respektiert. Ein paar angesprochene allgemeine Themen und das war auch alles was sie mit ihm geplaudert hatten. Aber die Scheu und Angst vom Nachbarn entdeckt zu werden war weg und Jack und Jill hatten sowieso nichts zu verbergen.

In der Szene sitzt doch jeder im selben Boot. Wozu also irgendwelche Geheimnisse vorgaukeln. Peinlich wird es nur für jemanden der etwas zu verbergen hat. Somit leben Jack und Jill einfach so, wenn sie einen Bekannten treffen dann doch einfach ansprechen- warum nicht? Und sie haben schon sehr viele getroffen. Dies reicht von Kunden, Nachbarn, Vermietern, Arbeitskollegen, Vorgesetzten, ja sogar hin bis zu ehemaligen Klassenkollegen, die man zuletzt vor 20 Jahren gesehen hat. Und jedes Mal war es ein angenehm lustiges Gespräch.

EIN RESÜMEE UND DANKE

Danke will ich als allererst meine Frau sagen. Die mich, so unersättlich und – wie sie gerne sagt oft – lästig bin, aushält. Ich liebe sie als Partnerin, Freund, Liebhaberin und ja auch manchmal als Boss, der mir doch manchmal die Leviten liest. Es ist ein Leben, wie ich es mir für uns nicht besser vorstellen kann und wir freuen uns immer wieder auf neue Erlebnisse und neue Bekannte.

Danke auch an Steffi und Norbert die so nett waren, mir eine Rückmeldung zu meiner ersten Niederschrift gaben. Es tut gut zu hören, „ja das bist Du, genau so, wie wenn Du es mir direkt erzählen würdest".

Ich wollt das Buch für euch authentisch und echt machen. Nicht gezaubert und nicht hochgezogen, sondern so wie es in Erinnerung blieb.

Es ist befreiend die Dinge niedergeschrieben zu haben, einerseits um sie nie zu vergessen und wer weiß, eventuell kommt der eine oder andere auf den Geschmack.

In Wirklichkeit sind wir doch (fast) alle zu verklemmt.

Deswegen liebe ich das Zitat von Oscar Wilde.

„Versuchungen sollte man nachgeben. Wer weiß, ob sie wiederkommen."